Wochenplaner

2020

Dieser Planer gehört:

Name: _____

Adresse: _____

Telefon: _____

Email: _____

Gesetzliche Feiertage in Deutschland 2020

01.	Januar	Neujahr
06.	Januar	Heilige drei Könige
08.	März	Internationaler Frauentag
10.	April	Karfreitag
12.	April	Ostersonntag
13.	April	Ostermontag
01.	Mai	Tag der Arbeit
21.	Mai	Christi Himmelfahrt
31.	Mai	Pfingstsonntag
01.	Juni	Pfingstmontag
11.	Juni	Fronleichnam
15.	August	Maria Himmelfahrt
03.	Oktober	Tag der Deutschen Einheit
31.	Oktober	Reformationstag
01.	November	Allerheiligen
18.	November	Buß- und Bettag
25.	Dezember	1. Weihnachtstag
26.	Dezember	2. Weihnachtstag

2020

Januar

M	D	M	D	F	S	S
		1	2	3	4	5
6	7	8	9	10	11	12
13	14	15	16	17	18	19
20	21	22	23	24	25	26
27	28	29	30	31		

Februar

M	D	M	D	F	S	S
					1	2
3	4	5	6	7	8	9
10	11	12	13	14	15	16
17	18	19	20	21	22	23
24	25	26	27	28	29	

März

M	D	M	D	F	S	S
						1
2	3	4	5	6	7	**8**
9	10	11	12	13	14	15
16	17	18	19	20	21	22
23	24	25	26	27	28	29
30	31					

April

M	D	M	D	F	S	S
		1	2	3	4	5
6	7	8	9	**10**	11	**12**
13	14	15	16	17	18	19
20	21	22	23	24	25	26
27	28	29	30			

Mai

M	D	M	D	F	S	S
				1	2	3
4	5	6	7	8	9	10
11	12	13	14	15	16	17
18	19	20	**21**	22	23	24
25	26	27	28	29	30	**31**

Juni

M	D	M	D	F	S	S
1	2	3	4	5	6	7
8	9	10	**11**	12	13	14
15	16	17	18	19	20	21
22	23	24	25	26	27	28
29	30					

Juli

M	D	M	D	F	S	S
		1	2	3	4	5
6	7	8	9	10	11	12
13	14	15	16	17	18	19
20	21	22	23	24	25	26
27	28	29	30	31		

August

M	D	M	D	F	S	S
					1	2
3	4	5	6	7	8	9
10	11	12	13	14	**15**	16
17	18	19	20	21	22	23
24	25	26	27	28	29	30
31						

September

M	D	M	D	F	S	S
	1	2	3	4	5	6
7	8	9	10	11	12	13
14	15	16	17	18	19	20
21	22	23	24	25	26	27
28	29	30				

Oktober

M	D	M	D	F	S	S
			1	2	**3**	4
5	6	7	8	9	10	11
12	13	14	15	16	17	18
19	20	21	22	23	24	25
26	27	28	29	30	**31**	

November

M	D	M	D	F	S	S
						1
2	3	4	5	6	7	8
9	10	11	12	13	14	15
16	17	**18**	19	20	21	22
23	24	25	26	27	28	29
30						

Dezember

M	D	M	D	F	S	S
	1	2	3	4	5	6
7	8	9	10	11	12	13
14	15	16	17	18	19	20
21	22	23	24	**25**	**26**	27
28	29	30	31			

Geburtstagsliste

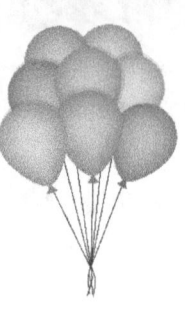

Datum	Name	Datum	Name

Geburtstagsliste

Datum	Name	Datum	Name

Telefonliste

Name	Nummer	Name	Nummer

Telefonliste

Name	Nummer	Name	Nummer

Dezember

Woche 1

○ 30. MONTAG

○ 31. DIENSTAG

○ 1. MITTWOCH

○ 2. DONNERSTAG

○ 3. FREITAG

○ 4. SAMSTAG / 5. SONNTAG

Wichtiges

_____

_____

_____

_____

_____

_____

_____

_____

To Do

_____

_____

_____

_____

_____

_____

_____

Januar

Woche 2

○ 6. MONTAG

○ 7. DIENSTAG

○ 8. MITTWOCH

○ 9. DONNERSTAG

○ 10. FREITAG

○ 11. SAMSTAG / 12. SONNTAG

Wichtiges

_____

_____

_____

_____

_____

_____

_____

To Do

_____

_____

_____

_____

_____

_____

_____

Januar

Woche 3

○ 13. MONTAG

○ 14. DIENSTAG

○ 15. MITTWOCH

○ 16. DONNERSTAG

○ 17. FREITAG

○ 18. SAMSTAG / 19. SONNTAG

Wichtiges

_____

_____

_____

_____

_____

_____

_____

_____

To Do

_____

_____

_____

_____

_____

_____

_____

_____

Januar

Woche 4

○ 20. MONTAG

○ 21. DIENSTAG

○ 22. MITTWOCH

○ 23. DONNERSTAG

○ 24. FREITAG

○ 25. SAMSTAG / 26. SONNTAG

Wichtiges

_____

_____

_____

_____

_____

_____

_____

_____

To Do

_____

_____

_____

_____

_____

_____

_____

Januar

○ 27. MONTAG

○ 28. DIENSTAG

○ 29. MITTWOCH

○ 30. DONNERSTAG

○ 31. FREITAG

○ 1. SAMSTAG / 2. SONNTAG

Wichtiges

_____

_____

_____

_____

_____

_____

_____

_____

To Do

_____

_____

_____

_____

_____

_____

_____

_____

Februar

Woche 6

○ 3. MONTAG

○ 4. DIENSTAG

○ 5. MITTWOCH

○ 6. DONNERSTAG

○ 7. FREITAG

○ 8. SAMSTAG / 9. SONNTAG

Wichtiges

_____

_____

_____

_____

_____

_____

_____

To Do

_____

_____

_____

_____

_____

_____

_____

Februar

Woche 7

○ 10. MONTAG

○ 11. DIENSTAG

○ 12. MITTWOCH

○ 13. DONNERSTAG

○ 14. FREITAG

○ 15. SAMSTAG / 16. SONNTAG

Wichtiges

_____

_____

_____

_____

_____

_____

_____

To Do

_____

_____

_____

_____

_____

_____

_____

_____

Februar

Woche 8

○ 17. MONTAG

○ 18. DIENSTAG

○ 19. MITTWOCH

○ 20. DONNERSTAG

○ 21. FREITAG

○ 22. SAMSTAG / 23. SONNTAG

Wichtiges

_____

_____

_____

_____

_____

_____

_____

To Do

_____

_____

_____

_____

_____

_____

_____

Februar

○ 24. MONTAG

○ 25. DIENSTAG

○ 26. MITTWOCH

○ 27. DONNERSTAG

○ 28. FREITAG

○ 29. SAMSTAG / 1. SONNTAG

Wichtiges

_____

_____

_____

_____

_____

_____

_____

_____

To Do

_____

_____

_____

_____

_____

_____

_____

März

Woche 10

○ 2. MONTAG

○ 3. DIENSTAG

○ 4. MITTWOCH

○ 5. DONNERSTAG

○ 6. FREITAG

○ 7. SAMSTAG / 8. SONNTAG

Wichtiges

_____

_____

_____

_____

_____

_____

_____

To Do

_____

_____

_____

_____

_____

_____

_____

März

Woche 11

○ 9. MONTAG

○ 10. DIENSTAG

○ 11. MITTWOCH

○ 12. DONNERSTAG

○ 13. FREITAG

○ 14. SAMSTAG / 15. SONNTAG

Wichtiges

To Do

März

○ 16. MONTAG

○ 17. DIENSTAG

○ 18. MITTWOCH

○ 19. DONNERSTAG

○ 20. FREITAG

○ 21. SAMSTAG / 22. SONNTAG

Wichtiges

To Do

März

○ 23. MONTAG

○ 24. DIENSTAG

○ 25. MITTWOCH

○ 26. DONNERSTAG

○ 27. FREITAG

○ 28. SAMSTAG / 29. SONNTAG

Wichtiges

To Do

März

Woche 14

○ 30. MONTAG

○ 31. DIENSTAG

○ 1. MITTWOCH

○ 2. DONNERSTAG

○ 3. FREITAG

○ 4. SAMSTAG / 5. SONNTAG

Wichtiges

_____

_____

_____

_____

_____

_____

_____

To Do

_____

_____

_____

_____

_____

_____

_____

_____

April

Woche 15

○ 6. MONTAG

○ 7. DIENSTAG

○ 8. MITTWOCH

○ 9. DONNERSTAG

○ 10. FREITAG

○ 11. SAMSTAG / 12. SONNTAG

Wichtiges

_____

_____

_____

_____

_____

_____

_____

To Do

_____

_____

_____

_____

_____

_____

_____

April

Woche 16

○ 13. MONTAG

○ 14. DIENSTAG

○ 15. MITTWOCH

○ 16. DONNERSTAG

○ 17. FREITAG

○ 18. SAMSTAG / 19. SONNTAG

Wichtiges

_____

_____

_____

_____

_____

_____

_____

_____

To Do

_____

_____

_____

_____

_____

_____

_____

_____

April

Woche 17

○ 20. MONTAG

○ 21. DIENSTAG

○ 22. MITTWOCH

○ 23. DONNERSTAG

○ 24. FREITAG

○ 25. SAMSTAG / 26. SONNTAG

Wichtiges

_____

_____

_____

_____

_____

_____

_____

To Do

_____

_____

_____

_____

_____

_____

April

Woche 18

○ 27. MONTAG

○ 28. DIENSTAG

○ 29. MITTWOCH

○ 30. DONNERSTAG

○ 1. FREITAG

○ 2. SAMSTAG / 3. SONNTAG

Wichtiges

_____

_____

_____

_____

_____

_____

_____

_____

To Do

_____

_____

_____

_____

_____

_____

_____

_____

Mai

Woche 19

○ 4. MONTAG

○ 5. DIENSTAG

○ 6. MITTWOCH

○ 7. DONNERSTAG

○ 8. FREITAG

○ 9. SAMSTAG / 10. SONNTAG

Wichtiges

_____

_____

_____

_____

_____

_____

_____

_____

To Do

_____

_____

_____

_____

_____

_____

_____

_____

Mai

Woche 20

○ 11. MONTAG

○ 12. DIENSTAG

○ 13. MITTWOCH

○ 14. DONNERSTAG

○ 15. FREITAG

○ 16. SAMSTAG / 17. SONNTAG

Wichtiges

_____

_____

_____

_____

_____

_____

_____

_____

To Do

_____

_____

_____

_____

_____

_____

_____

_____

Mai

Woche 21

○ 18. MONTAG

○ 19. DIENSTAG

○ 20. MITTWOCH

○ 21. DONNERSTAG

○ 22. FREITAG

○ 23. SAMSTAG / 24. SONNTAG

Wichtiges

_____

_____

_____

_____

_____

_____

_____

_____

To Do

_____

_____

_____

_____

_____

_____

_____

Mai

Woche 22

○ 25. MONTAG

○ 26. DIENSTAG

○ 27. MITTWOCH

○ 28. DONNERSTAG

○ 29. FREITAG

○ 30. SAMSTAG / 31. SONNTAG

Wichtiges

_____

_____

_____

_____

_____

_____

_____

To Do

_____

_____

_____

_____

_____

_____

_____

_____

Juni

○ 1. MONTAG

○ 2. DIENSTAG

○ 3. MITTWOCH

○ 4. DONNERSTAG

○ 5. FREITAG

○ 6. SAMSTAG / 7. SONNTAG

Wichtiges

_____

_____

_____

_____

_____

_____

_____

_____

To Do

_____

_____

_____

_____

_____

_____

_____

_____

Juni

Woche 24

○ 8. MONTAG

○ 9. DIENSTAG

○ 10. MITTWOCH

○ 11. DONNERSTAG

○ 12. FREITAG

○ 13. SAMSTAG / 14. SONNTAG

Wichtiges

_____

_____

_____

_____

_____

_____

_____

To Do

_____

_____

_____

_____

_____

_____

_____

Juni

Woche 25

○ 15. MONTAG

○ 16. DIENSTAG

○ 17. MITTWOCH

○ 18. DONNERSTAG

○ 19. FREITAG

○ 20. SAMSTAG / 21. SONNTAG

Wichtiges

To Do

Juni

Woche 26

○ 22. MONTAG

○ 23. DIENSTAG

○ 24. MITTWOCH

○ 25. DONNERSTAG

○ 26. FREITAG

○ 27. SAMSTAG / 28. SONNTAG

Wichtiges

_____

_____

_____

_____

_____

_____

_____

_____

To Do

_____

_____

_____

_____

_____

_____

_____

Juni

Woche 27

○ 29. MONTAG

○ 30. DIENSTAG

○ 1. MITTWOCH

○ 2. DONNERSTAG

○ 3. FREITAG

○ 4. SAMSTAG / 5. SONNTAG

Wichtiges

_____

_____

_____

_____

_____

_____

_____

_____

To Do

_____

_____

_____

_____

_____

_____

_____

Juli

Woche 28

○ 6. MONTAG

○ 7. DIENSTAG

○ 8. MITTWOCH

○ 9. DONNERSTAG

○ 10. FREITAG

○ 11. SAMSTAG / 12. SONNTAG

Wichtiges

_____

_____

_____

_____

_____

_____

_____

To Do

_____

_____

_____

_____

_____

_____

_____

Juli

Woche 29

○ 13. MONTAG

○ 14. DIENSTAG

○ 15. MITTWOCH

○ 16. DONNERSTAG

○ 17. FREITAG

○ 18. SAMSTAG / 19. SONNTAG

Wichtiges

_____

_____

_____

_____

_____

_____

_____

_____

To Do

_____

_____

_____

_____

_____

_____

_____

Juli

Woche 30

○ 20. MONTAG

○ 21. DIENSTAG

○ 22. MITTWOCH

○ 23. DONNERSTAG

○ 24. FREITAG

○ 25. SAMSTAG / 26. SONNTAG

Wichtiges

_____

_____

_____

_____

_____

_____

_____

_____

To Do

_____

_____

_____

_____

_____

_____

_____

_____

Juli

○ 27. MONTAG

○ 28. DIENSTAG

○ 29. MITTWOCH

○ 30. DONNERSTAG

○ 31. FREITAG

○ 1. SAMSTAG / 2. SONNTAG

Wichtiges

_____

_____

_____

_____

_____

_____

_____

_____

To Do

_____

_____

_____

_____

_____

_____

_____

_____

August

○ 3. MONTAG

○ 4. DIENSTAG

○ 5. MITTWOCH

○ 6. DONNERSTAG

○ 7. FREITAG

○ 8. SAMSTAG / 9. SONNTAG

Wichtiges

_____

_____

_____

_____

_____

_____

_____

_____

To Do

_____

_____

_____

_____

_____

_____

_____

August

Woche 33

○ 10. MONTAG

○ 11. DIENSTAG

○ 12. MITTWOCH

○ 13. DONNERSTAG

○ 14. FREITAG

○ 15. SAMSTAG / 16. SONNTAG

Wichtiges

_____

_____

_____

_____

_____

_____

_____

To Do

_____

_____

_____

_____

_____

_____

_____

August

Woche 34

○ 17. MONTAG

○ 18. DIENSTAG

○ 19. MITTWOCH

○ 20. DONNERSTAG

○ 21. FREITAG

○ 22. SAMSTAG / 23. SONNTAG

Wichtiges

_____

_____

_____

_____

_____

_____

_____

To Do

_____

_____

_____

_____

_____

_____

_____

August

Woche 35

○ 24. MONTAG

○ 25. DIENSTAG

○ 26. MITTWOCH

○ 27. DONNERSTAG

○ 28. FREITAG

○ 29. SAMSTAG / 30. SONNTAG

Wichtiges

To Do

August

Woche 36

○ 31. MONTAG

○ 1. DIENSTAG

○ 2. MITTWOCH

○ 3. DONNERSTAG

○ 4. FREITAG

○ 5. SAMSTAG / 6. SONNTAG

Wichtiges

_____

_____

_____

_____

_____

_____

_____

To Do

_____

_____

_____

_____

_____

_____

_____

September

○ 7. MONTAG

○ 8. DIENSTAG

○ 9. MITTWOCH

○ 10. DONNERSTAG

○ 11. FREITAG

○ 12. SAMSTAG / 13. SONNTAG

Wichtiges

_____

_____

_____

_____

_____

_____

_____

_____

To Do

_____

_____

_____

_____

_____

_____

_____

_____

September

Woche 38

○ 14. MONTAG

○ 15. DIENSTAG

○ 16. MITTWOCH

○ 17. DONNERSTAG

○ 18. FREITAG

○ 19. SAMSTAG / 20. SONNTAG

Wichtiges

_____

_____

_____

_____

_____

_____

_____

To Do

_____

_____

_____

_____

_____

_____

_____

September

○ 21. MONTAG

○ 22. DIENSTAG

○ 23. MITTWOCH

○ 24. DONNERSTAG

○ 25. FREITAG

○ 26. SAMSTAG / 27. SONNTAG

Wichtiges

_____

_____

_____

_____

_____

_____

_____

_____

To Do

_____

_____

_____

_____

_____

_____

_____

_____

September

Woche 40

○ 28. MONTAG

○ 29. DIENSTAG

○ 30. MITTWOCH

○ 1. DONNERSTAG

○ 2. FREITAG

○ 3. SAMSTAG / 4. SONNTAG

Wichtiges

_____

_____

_____

_____

_____

_____

_____

To Do

_____

_____

_____

_____

_____

_____

_____

Oktober

Woche 41

○ 5. MONTAG

○ 6. DIENSTAG

○ 7. MITTWOCH

○ 8. DONNERSTAG

○ 9. FREITAG

○ 10. SAMSTAG / 11. SONNTAG

Wichtiges

To Do

Oktober

Woche 42

○ 12. MONTAG

○ 13. DIENSTAG

○ 14. MITTWOCH

○ 15. DONNERSTAG

○ 16. FREITAG

○ 17. SAMSTAG / 18. SONNTAG

Wichtiges

_____

_____

_____

_____

_____

_____

_____

_____

To Do

_____

_____

_____

_____

_____

_____

_____

_____

Oktober

Woche 43

○ 19. MONTAG

○ 20. DIENSTAG

○ 21. MITTWOCH

○ 22. DONNERSTAG

○ 23. FREITAG

○ 24. SAMSTAG / 25. SONNTAG

Wichtiges

_____

_____

_____

_____

_____

_____

_____

To Do

_____

_____

_____

_____

_____

_____

_____

Oktober

Woche 44

○ 26. MONTAG

○ 27. DIENSTAG

○ 28. MITTWOCH

○ 29. DONNERSTAG

○ 30. FREITAG

○ 31. SAMSTAG / 1. SONNTAG

Wichtiges

_____

_____

_____

_____

_____

_____

_____

To Do

_____

_____

_____

_____

_____

_____

_____

November

Woche 45

○ 2. MONTAG

○ 3. DIENSTAG

○ 4. MITTWOCH

○ 5. DONNERSTAG

○ 6. FREITAG

○ 7. SAMSTAG / 8. SONNTAG

Wichtiges

_____

_____

_____

_____

_____

_____

_____

_____

To Do

_____

_____

_____

_____

_____

_____

_____

_____

November

Woche 46

○ 9. MONTAG

○ 10. DIENSTAG

○ 11. MITTWOCH

○ 12. DONNERSTAG

○ 13. FREITAG

○ 14. SAMSTAG / 15. SONNTAG

Wichtiges

_____

_____

_____

_____

_____

_____

_____

_____

To Do

_____

_____

_____

_____

_____

_____

_____

November

○ 16. MONTAG

○ 17. DIENSTAG

○ 18. MITTWOCH

○ 19. DONNERSTAG

○ 20. FREITAG

○ 21. SAMSTAG / 22. SONNTAG

Wichtiges

_____

_____

_____

_____

_____

_____

_____

To Do

_____

_____

_____

_____

_____

_____

_____

November

○ 23. MONTAG

○ 24. DIENSTAG

○ 25. MITTWOCH

○ 26. DONNERSTAG

○ 27. FREITAG

○ 28. SAMSTAG / 29. SONNTAG

Wichtiges

_____

_____

_____

_____

_____

_____

_____

To Do

_____

_____

_____

_____

_____

_____

_____

_____

November

Woche 49

○ 30. MONTAG

○ 1. DIENSTAG

○ 2. MITTWOCH

○ 3. DONNERSTAG

○ 4. FREITAG

○ 5. SAMSTAG / 6. SONNTAG

Wichtiges

_____

_____

_____

_____

_____

_____

_____

To Do

_____

_____

_____

_____

_____

_____

_____

Dezember

Woche 50

○ 7. MONTAG

○ 8. DIENSTAG

○ 9. MITTWOCH

○ 10. DONNERSTAG

○ 11. FREITAG

○ 12. SAMSTAG / 13. SONNTAG

Wichtiges

_____

_____

_____

_____

_____

_____

_____

_____

To Do

_____

_____

_____

_____

_____

_____

_____

_____

Dezember

Woche 51

○ 14. MONTAG

○ 15. DIENSTAG

○ 16. MITTWOCH

○ 17. DONNERSTAG

○ 18. FREITAG

○ 19. SAMSTAG / 20. SONNTAG

Wichtiges

_____

_____

_____

_____

_____

_____

_____

_____

To Do

_____

_____

_____

_____

_____

_____

_____

_____

Dezember

Woche 52

○ 21. MONTAG

○ 22. DIENSTAG

○ 23. MITTWOCH

○ 24. DONNERSTAG

○ 25. FREITAG

○ 26. SAMSTAG / 27. SONNTAG

Wichtiges

_____

_____

_____

_____

_____

_____

_____

To Do

_____

_____

_____

_____

_____

_____

_____

Dezember

Woche 53

○ 28. MONTAG

○ 29. DIENSTAG

○ 30. MITTWOCH

○ 31. DONNERSTAG

○ 1. FREITAG

○ 2. SAMSTAG / 3. SONNTAG

Wichtiges

_____

_____

_____

_____

_____

_____

_____

_____

To Do

_____

_____

_____

_____

_____

_____

_____

_____

Januar
2020

Montag	Dienstag	Mittwoch	Donnerstag	Freitag	Samstag	Sonntag
30	31	1	2	3	4	5
6	7	8	9	10	11	12
13	14	15	16	17	18	19
20	21	22	23	24	25	26
27	28	29	30	31	1	2

Februar
2020

Montag	Dienstag	Mittwoch	Donnerstag	Freitag	Samstag	Sonntag
27	28	29	30	31	1	2
3	4	5	6	7	8	9
10	11	12	13	14	15	16
17	18	19	20	21	22	23
24	25	26	27	28	29	1

März
2020

Montag	Dienstag	Mittwoch	Donnerstag	Freitag	Samstag	Sonntag
24	25	26	27	28	29	1
2	3	4	5	6	7	8
9	10	11	12	13	14	15
16	17	18	19	20	21	22
23	24	25	26	27	28	29
30	31	1	2	3	4	5

April
2020

Montag	Dienstag	Mittwoch	Donnerstag	Freitag	Samstag	Sonntag
30	31	1	2	3	4	5
6	7	8	9	10	11	12
13	14	15	16	17	18	19
20	21	22	23	24	25	26
27	28	29	30	1	2	3

Mai
2020

Montag	Dienstag	Mittwoch	Donnerstag	Freitag	Samstag	Sonntag
27	28	29	30	1	2	3
4	5	6	7	8	9	10
11	12	13	14	15	16	17
18	19	20	21	22	23	24
25	26	27	28	29	30	31

Juni
2020

Montag	Dienstag	Mittwoch	Donnerstag	Freitag	Samstag	Sonntag
1	2	3	4	5	6	7
8	9	10	11	12	13	14
15	16	17	18	19	20	21
22	23	24	25	26	27	28
29	30	1	2	3	4	5

Juli
2020

Montag	Dienstag	Mittwoch	Donnerstag	Freitag	Samstag	Sonntag
29	30	1	2	3	4	5
6	7	8	9	10	11	12
13	14	15	16	17	18	19
20	21	22	23	24	25	26
27	28	29	30	31	1	2

August
2020

Montag	Dienstag	Mittwoch	Donnerstag	Freitag	Samstag	Sonntag
27	28	29	30	31	1	2
3	4	5	6	7	8	9
10	11	12	13	14	15	16
17	18	19	20	21	22	23
24	25	26	27	28	29	30
31	1	2	3	4	5	6

September
2020

Montag	Dienstag	Mittwoch	Donnerstag	Freitag	Samstag	Sonntag
31	1	2	3	4	5	6
7	8	9	10	11	12	13
14	15	16	17	18	19	20
21	22	23	24	25	26	27
28	29	30	1	2	3	4

Oktober
2020

Montag	Dienstag	Mittwoch	Donnerstag	Freitag	Samstag	Sonntag
28	29	30	1	2	3	4
5	6	7	8	9	10	11
12	13	14	15	16	17	18
19	20	21	22	23	24	25
26	27	28	29	30	31	1

November 2020

Montag	Dienstag	Mittwoch	Donnerstag	Freitag	Samstag	Sonntag
26	27	28	29	30	31	1
2	3	4	5	6	7	8
9	10	11	12	13	14	15
16	17	18	19	20	21	22
23	24	25	26	27	28	29
30	1	2	3	4	5	6

Dezember 2020

Montag	Dienstag	Mittwoch	Donnerstag	Freitag	Samstag	Sonntag
30	1	2	3	4	5	6
7	8	9	10	11	12	13
14	15	16	17	18	19	20
21	22	23	24	25	26	27
28	29	30	31	1	2	3

Notizen

Notizen

Notizen

Notizen

Notizen

www.ingramcontent.com/pod-product-compliance
Lightning Source LLC
Chambersburg PA
CBHW080835220526
45467CB00008B/2282